Impressum
Verlag: BABADADA GmbH, Nedderfeld 112 , 22529 Hamburg
Geschäftsführer / Verlagsleitung: Harald Hof
Druck: Books on Demand GmbH, In de Tarpen 42, 22848 Norderstedt

Imprint
Publisher: BABADADA GmbH, Nedderfeld 112 , 22529 Hamburg, Germany
Managing Director / Publishing direction: Harald Hof
Print: Books on Demand GmbH, In de Tarpen 42, 22848 Norderstedt

mokykla

escola

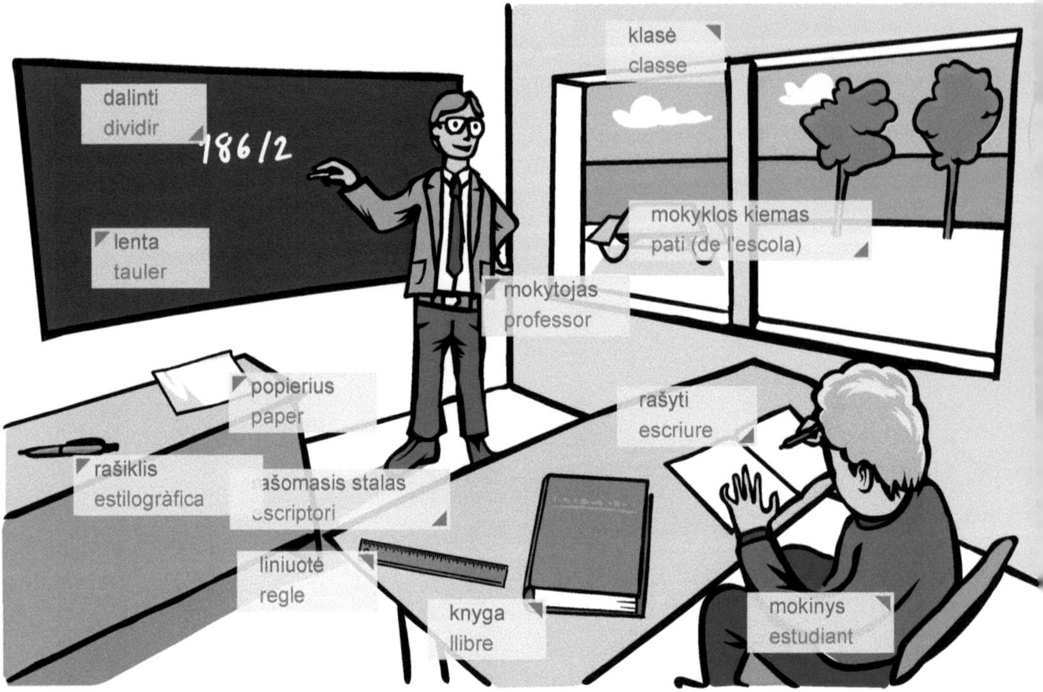
klasė
classe
dalinti
dividir
186/2
lenta
tauler
mokyklos kiemas
pati (de l'escola)
mokytojas
professor
popierius
paper
rašyti
escriure
rašiklis
estilogràfica
ašomasis stalas
scriptori
liniuotė
regle
knyga
llibre
mokinys
estudiant

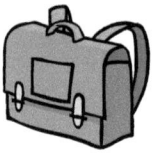

kuprinė

bossa

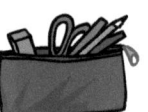

penalas

estoig

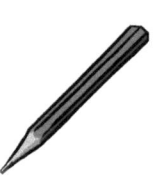

pieštukas

llapis

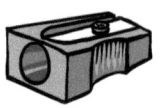

drožtukas

maquineta de fer punta

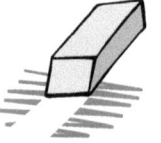

trintukas

goma

piešimo bloknotas

bloc de dibuix

piešinys
dibuix

teptukas
pinzell

dažų dėžutė
capsa de pintures

žirklės
tisores

klijai
cola

vadovėlis
quadern d'exercicis

namų darbai
deures

numeris
nombre

2+2

pridėti
afegir

atimti
sostreure

dauginti
multiplicar

skaičiuoti
calcular

raidė
lletra

abėcėlė
alfabet

žodis
mot

tekstas
text

skaityti
llegir

kreida
guix

pamoka
lliçó

dienynas
llibre de classe

egzaminas
examen

pažymėjimas
certificat

mokyklinė uniforma
uniforme escolar

išsilavinimas
formació

enciklopedija
enciclopèdia

universitetas
universitat

mikroskopas
microscopi

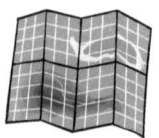

žemėlapis
mapa

šiukšliadėžė
paperera

kelionė
viatge

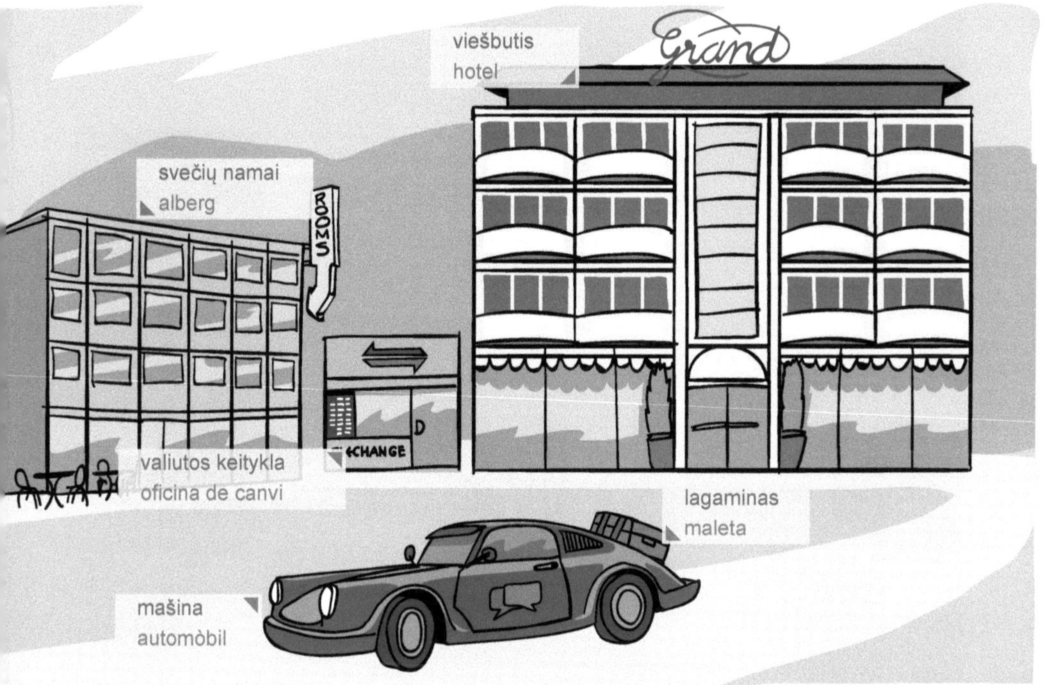
viešbutis
hotel
Grand
svečių namai
alberg
ROOMS
EXCHANGE
valiutos keitykla
oficina de canvi
lagaminas
maleta
mašina
automòbil

kalba

llengua

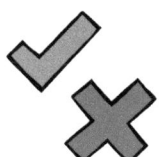

taip / ne

sí / no

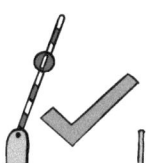

Gerai

D'acord

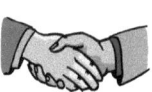

sveiki

Ey!

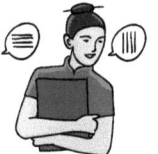

vertėjas raštu

traductora

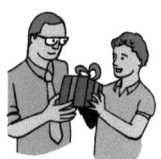

Ačiū

gràcies

kiek kainuoja...?

Quant costa... ?

aš nesuprantu

No entenc

problema

problema

Labas vakaras!

Bona nit!

Labas rytas!

bon dia!

Labos nakties!

bona nit!

viso gero

fins aviat

kryptis

direcció

bagažas

bagatge

krepšys

bossa

kuprinė

sarrona

svečias

convidat

kambarys

cambra

miegmaišis

sac de dormir

palapinė

tenda

turizmo informacija

oficina de turisme

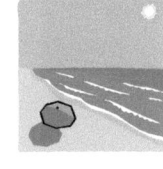

paplūdimys

platja

kreditinė kortelė

carta de crèdit

pusryčiai

esmorzar

pietūs

dinar

vakarienė

sopar

bilietas

bitllet

liftas

ascensor

pašto ženklas

segell

siena

frontera

muitinė

duana

ambasada

ambaixada

viza

visat

pasas

passaport

transportas
transport

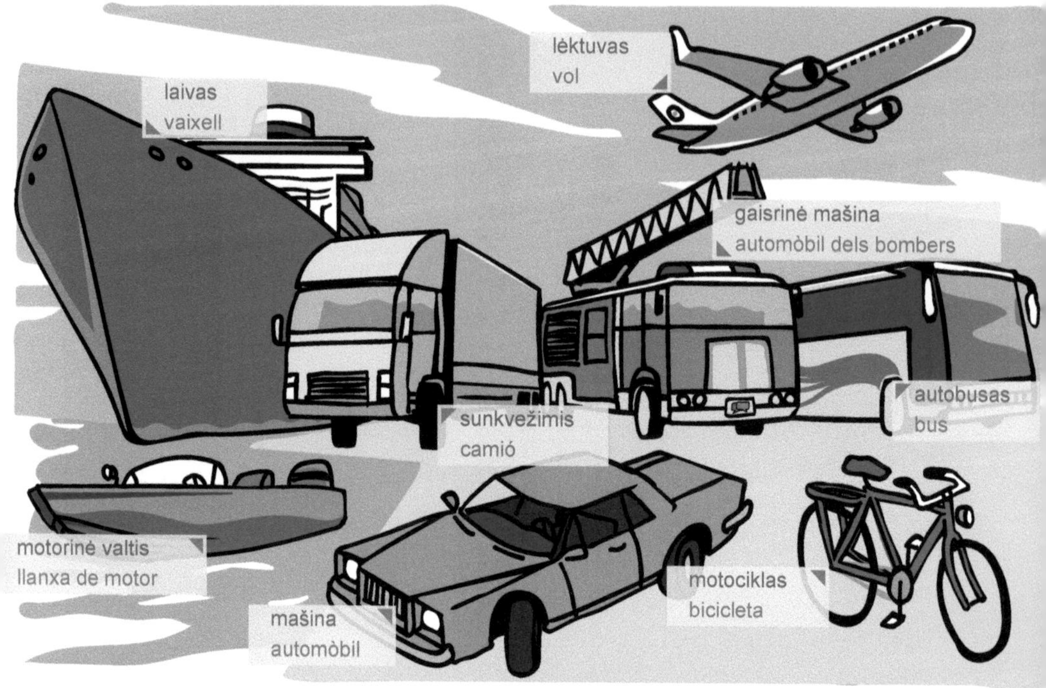
lėktuvas
vol
laivas
vaixell
gaisrinė mašina
automòbil dels bombers
autobusas
bus
sunkvežimis
camió
motorinė valtis
llanxa de motor
motociklas
bicicleta
mašina
automòbil

keltas

transbordador

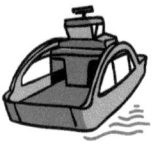

valtis

barca

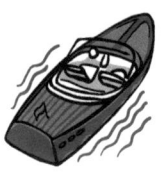

mopedas

moto

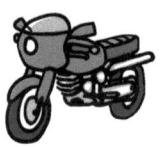

policijos automobilis

automòbil de policia

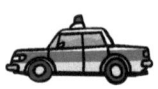

lenktyninis automobilis

automòbil de curses

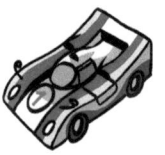

nuomojamas automobilis

automòbil de lloguer

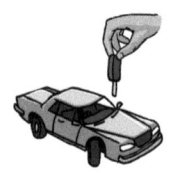

bendras automobilio
naudojimas

vehicle compartit

techninės pagalbos
automobilis

grua

šiukšliavežė

camió de les escombraries

variklis

motor

degalai

benzina

degalinė

benzineria

kelio ženklas

senyal de trànsit

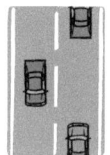

eismas

trànsit

eismo spūstis

embús

mašinų stovėjimo aikštelė

aparcament

traukinių stotis

estació de trens

bėgiai

vies

traukinys

tren

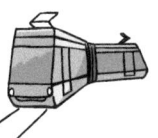

tramvajus

tramvia

vagonas

vagó

sraigtasparnis

helicòpter

oro uostas

aeroport

bokštas

torre

keleivis

passatger

konteineris

contenidor

dėžė

capsa de cartó

vežimėlis

carretó

krepšys

cistella

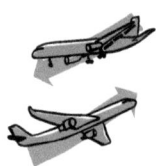

pakilti / nusileisti

enlairar-se / aterrar

miestas

ciutat

kaimas

poble

miesto centras

centre de la ciutat

namas

casa

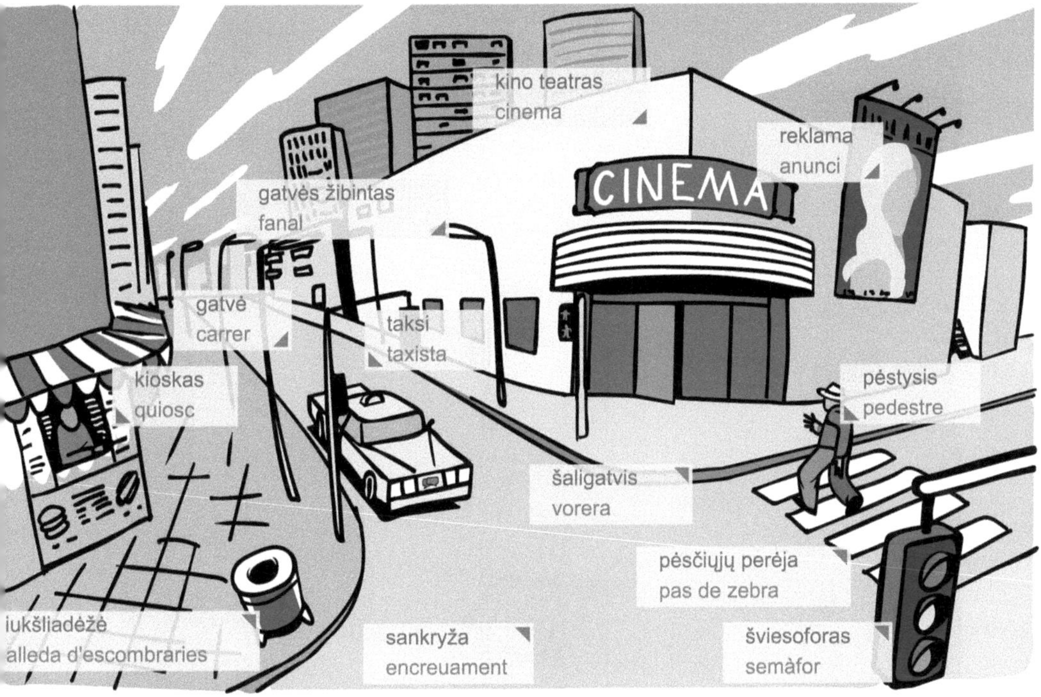

kino teatras
cinema

reklama
anunci

gatvės žibintas
fanal

CINEMA

gatvė
carrer

taksi
taxista

pėstysis
pedestre

kioskas
quiosc

šaligatvis
vorera

pėsčiųjų perėja
pas de zebra

iukšliadėžė
alleda d'escombraries

sankryža
encreuament

šviesoforas
semàfor

trobelė

cabana

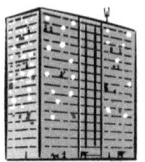

butas

apartament

traukinių stotis

estació de trens

rotušė

casa de la vila-ciutat

muziejus

museu

mokykla

escola

universitetas

universitat

bankas

banca

ligoninė

hospital

viešbutis

hotel

vaistinė

farmàcia

biuras

oficina

knygynas

llibreria

parduotuvė

botiga

gėlių parduotuvė

floristeria

prekybos centras

supermercat

turgus

mercat

universalinė parduotuvė

gran magatzem

žuvies parduotuvė

peixateria

prekybos centras

centre comercial

uostas

port

parkas

parc

suoliukas

banc

tiltas

pont

laiptai

escala

metro

metro

tunelis

túnel

autobusų stotelė

parada d'autobús

baras

bar

restoranas

restaurant

lauko pašto dėžutė

bústia de correu

kelio ženklas

senyal indicador

parkomatas

parquímetre

zoologijos sodas

zoo

baseinas

piscina

mečetė

mesquita

ūkininko ūkis

granja

tarša

pol·lució

kapinės

cementiri

bažnyčia

església

žaidimų aikštelė

parc infantil

šventykla

temple

kraštovaizdis

paisatge

lapas
fulla

kelio rodyklė
cartell indicador

kelias
camí

pieva
prat

akmuo
pedra

ėjikas
excursionista

medis
arbre

upė
riu

žolė
gespa

gėlė
flor

slėnis
vall

kalva
muntanya

ežeras
llac

miškas
bosc

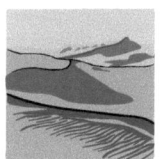

dykuma
desert

ugnikalnis
volcà

pilis
castell

vaivorykštė
arc de Sant Martí

grybas
bolet

palmė
palmera

uodas
moscard

musė
mosca

skruzdėlė
formiga

bitė
abella

voras
aranya

vabalas

escarabat

varlė

granota

voverė

esquirol

ežys

eriçó

kiškis

llebre

pelėda

òliba

paukštis

ocell

gulbė

cigne

šernas

senglar

elnias

cervo

briedis

ant

užtvanka

presa

vėjo jėgainė

turbina

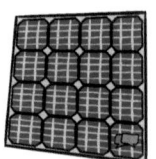

saulės baterija

panell solar

klimatas

clima

restoranas
restaurant

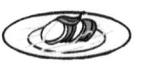

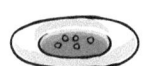

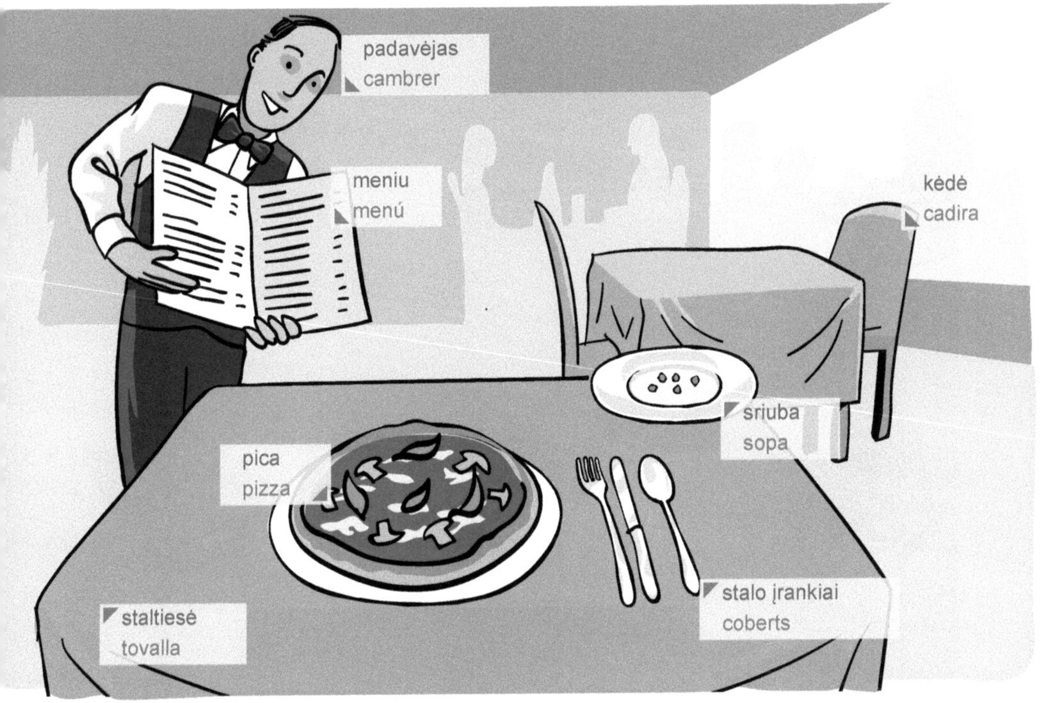

padavėjas
cambrer
meniu
menú
kėdė
cadira
sriuba
sopa
pica
pizza
stalo įrankiai
coberts
staltiesė
tovalla

užkandis

primer plat

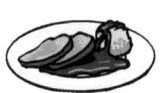

pagrindinis patiekalas

plat principal

desertas

darreries

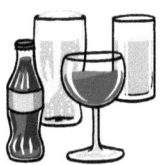

gėrimai

begudes

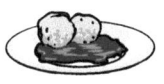

maistas

menjar

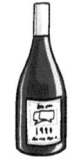

butelis

ampolla

greitai pateikiamas maistas

menjar ràpid

gatvės maistas

menjar de carrer

arbatinukas

tetera

cukrinė

sucrer

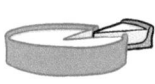

porcija

porció

espreso aparatas

màquina d'espresso

aukšta kėdė

trona

sąskaita

factura

padėklas

plata

peilis

ganivet

šakutė

forqueta

šaukštas

cullera

arbatinis šaukštelis

cullereta

servetėlė

tovalló

stiklinė

got

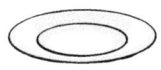

lėkštė
plat

sriubos lėkštė
plat de sopa

padėklas
plateret

padažas
salsa

druskinė
saler

pipirų malūnėlis
molinet de pebre

actas
vinagre

aliejus
oli

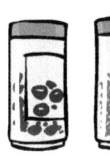

prieskoniai
espècies

kečupas
quètxup

garstyčios
mostassa

majonezas
maionesa

prekybos centras

supermercat

specialus pasiūlymas
oferta especial
FOR
pirkėjas
client
pieno produktai
productes lactis
vaisiai
fruites
troleibusas
carret de la compra

BUTCHERS

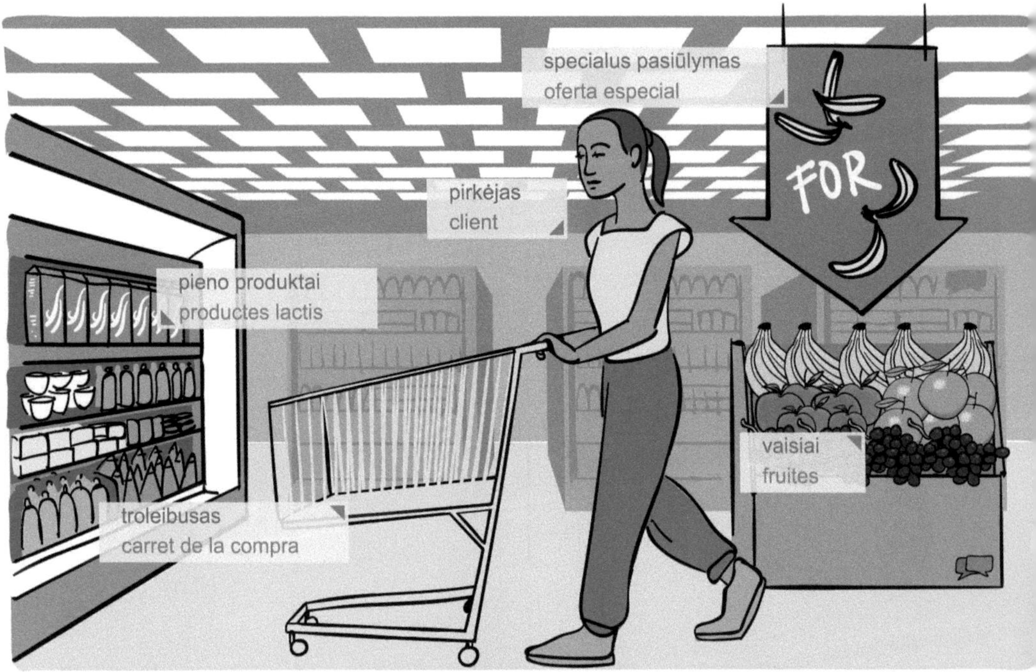

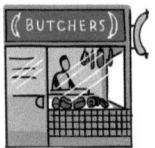

mėsos parduotuvė

carnisseria

BAKERY

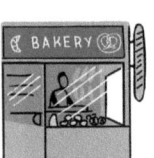

kepykla

forn de pa

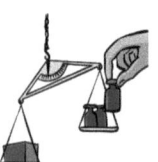

sverti

pesar

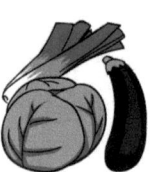

daržovės

verdures

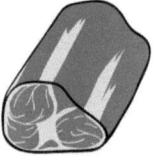

mėsa

carn

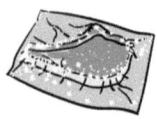

šaldytas maistas

menjar congelat

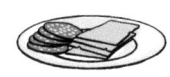

šalti mėsos užkandžiai

carn freda

konservai

conserves

skalbimo milteliai

detergent en pols

saldumynai

dolços

ūkinės prekės

articles domèstics

valymo priemonės

productes de neteja

pardavėja

venedora

kasos aparatas

caixa registradora

kasininkas

caixera

pirkinių sąrašas

llista de la compra

darbo valandos

horari d'obertura

piniginė

portamonedes

kreditinė kortelė

carta de crèdit

maišelis

bossa

plastikinis maišelis

bossa de plàstic

vanduo

aigua

sultys

suc

pienas

llet

kola

coca-cola

vynas

vi

alus

cervesa

alkoholis

alcohol

kakava

cacau

arbata

te

kava

cafè

espresas

espresso

kapučinas

cappuccino

bananas

banana

obuolys

poma

apelsinas

taronja

arbūzas

síndria

citrina

llimona

morka

pastanaga

česnakas

all

bambukas

bambú

svogūnas

ceba

grybas

bolet

riešutai

avellanes

makaronai

fideus

spagečiai
espaguetis

ryžiai
arròs

salotos
amanida

traškučiai
patates fregides

keptos bulvės
patates fregides

pica
pizza

mėsainis
hamburguesa

sumuštinis
entrepà

pjausnys
escalopa

kumpis
cuixot

saliamis
salami

dešrelė
salsitxa

vištiena
pollastre

kepsnys
rostit

žuvis
peix

avižų dribsniai

flocs de civada

dribsniai su priedais

musli

kukurūzų dribsniai

cereals

miltai

farina

prancūziškasis ragelis

croissant

bandelė

panet

duona

pa

skrebutis

torrada

sausainiai

bescuits

sviestas

mantega

varškė

mató

tortas

pastís

kiaušinis

ou

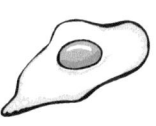

kiaušinienė

ou fregit

sūris

formatge

ledai

gelat

cukrus

sucre

medus

mel

uogienė

melmelada

tepamas šokoladas

crema de xocolata

karis

curri

ūkininko ūkis

granja

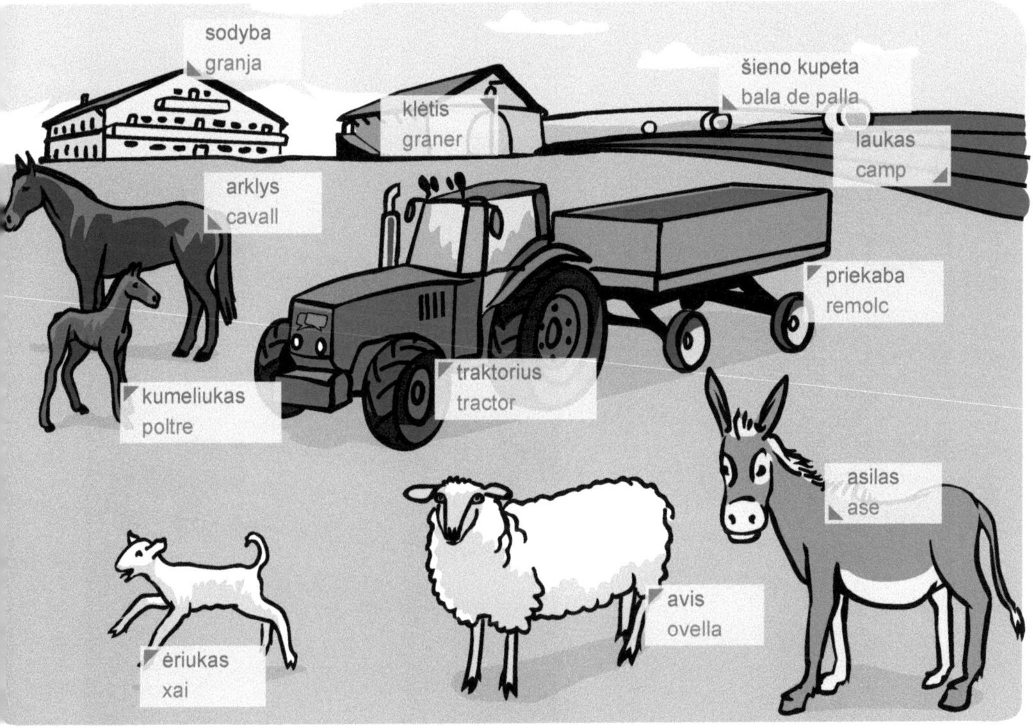

sodyba
granja
šieno kupeta
bala de palla
klėtis
graner
laukas
camp
arklys
cavall
priekaba
remolc
traktorius
tractor
kumeliukas
poltre
asilas
ase
avis
ovella
ėriukas
xai

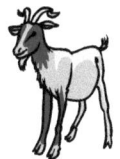

ožys

cabra

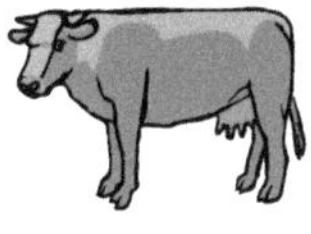

karvė

vaca

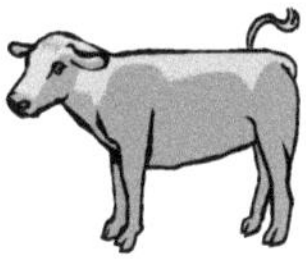

veršis

vedella

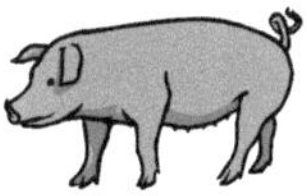

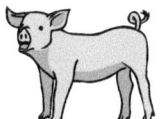

kiaulė

porc

paršelis

garrí

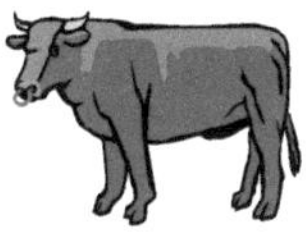

bulius

bou

žąsis
oca

antis
ànec

viščiukas
poll

višta
gall

gaidys
gallina

žiurkė
rata

katė
gat

pelė
ratolí

jautis
bou

šuo
gos

šuns būda
gossera

sodo namas
mànega de regar

laistytuvas
regadora

dalgis
dalla

plūgas
arada

pjautuvas
falç

kauptukas
aixada

šakės
forca

kirvis
destral

statinė
carretó

lovys
abeurador

bidonas
lletera

maišas
sac

tvora
tanca

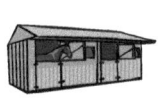

arklidė
establa

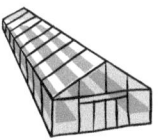

šiltnamis
hivernacle

dirva
sòl

sėkla
llavor

trąšos
adob

kombainas
collidora

rinkti

collir

derlius

collita

saldžiosios bulvės

nyam

kviečiai

blat

soja

soja

bulvė

patata

kukurūzai

blat de moro o d'indi

rapsai

colza

vaismedis

arbre fruiter

manijokas

mandioca

grūdai

cereals

namas
casa

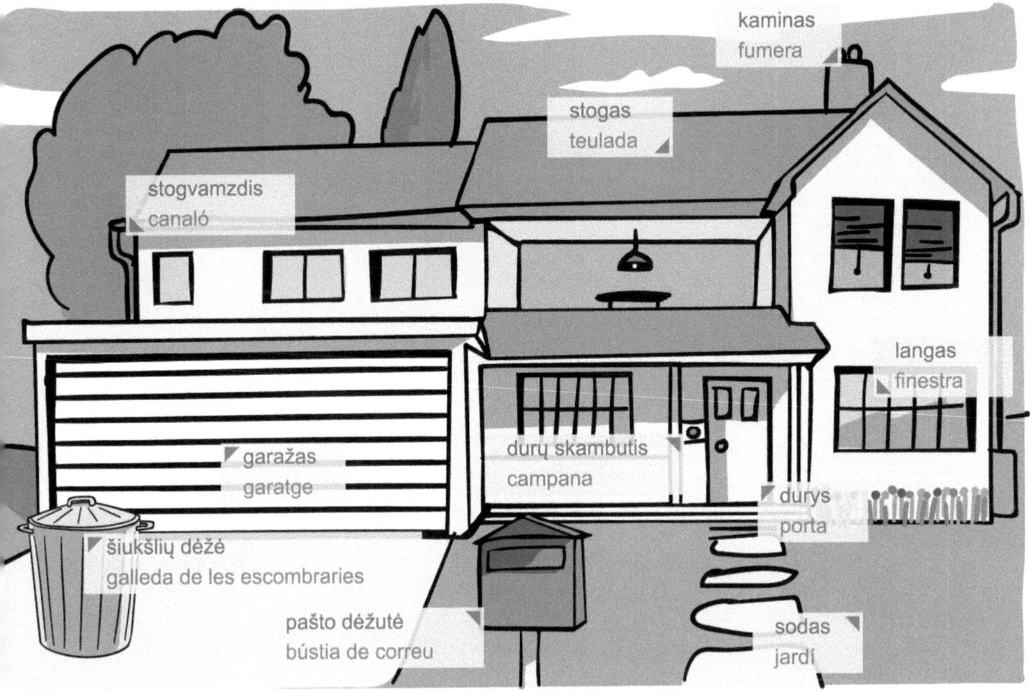
kaminas
fumera
stogas
teulada
stogvamzdis
canaló
langas
finestra
garažas
garatge
durų skambutis
campana
durys
porta
šiukšlių dėžė
galleda de les escombraries
pašto dėžutė
bústia de correu
sodas
jardí

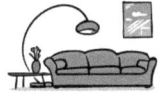

svetainė
sala d'estar

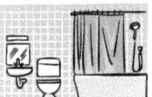

vonios kambarys
bany

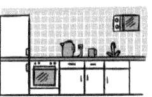

virtuvė
cuina

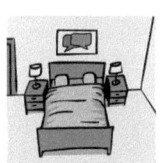

miegamasis
cambra de dormir

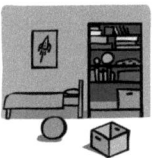

vaiko kambarys
cambra de nen

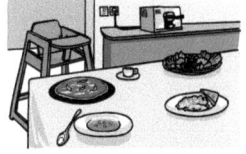

valgomasis
menjador

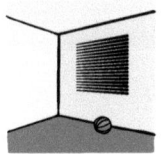

grindys
sòl

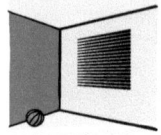

siena
paret

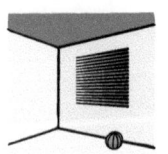

lubos
sostre

rūsys
soterrani

sauna
sauna

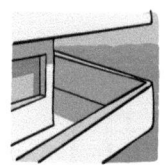

balkonas
balcó

terasa
terrassa

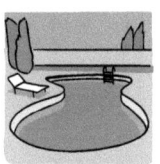

baseinas
piscina

žoliapjovė
tallagespa

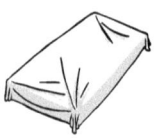

paklodė
vànova

lovatiesė
cobrellit

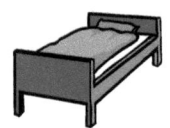

lova
llit

šluota
escombra

kibiras
galleda

jungiklis
interruptor

svetainė
sala d'estar

tapetai
paper de paret
nuotrauka
quadre
šviestuvas
làmpada
lentyna
prestatge
spintelė
armari
televizorius
televisor
židinys
escalfapanxes
gėlė
flor
pagalvėlė
coixí
sofa
sofà
vaza
gerro
nuotolinio valdymo pultelis
telecomanda

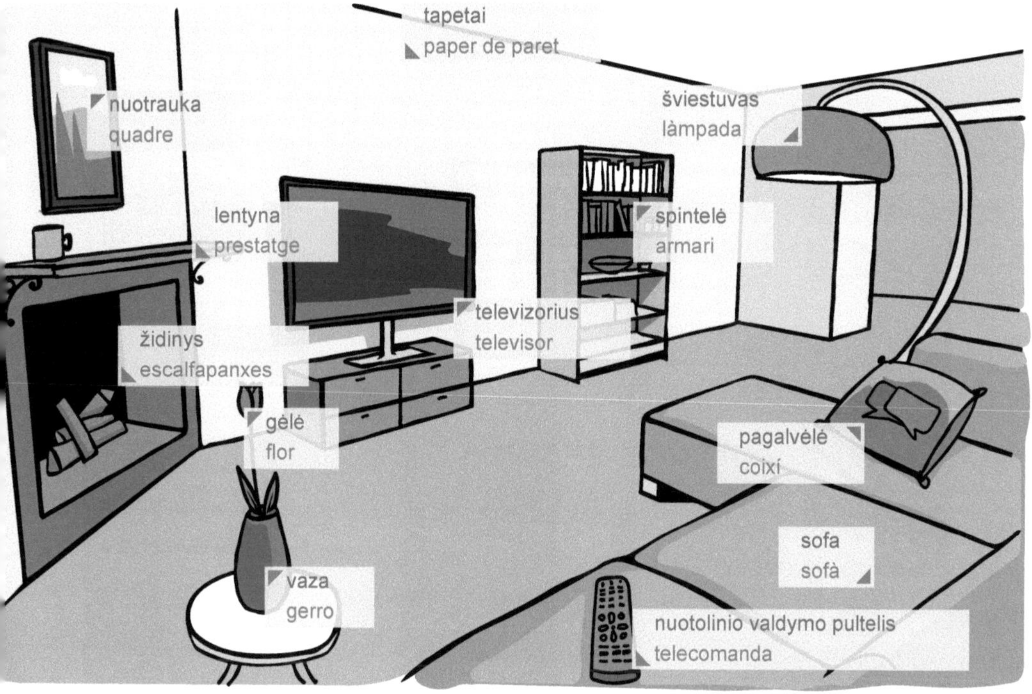

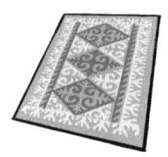

kilimas
catifa

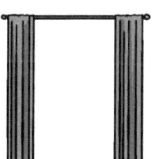

užuolaida
cortina

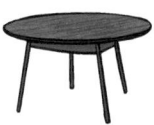

stalas
taula

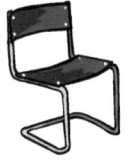

kėdė
cadira

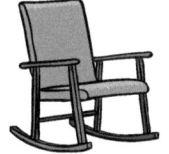

supamasis krėslas
cadira gronxadora

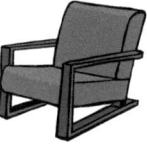

fotelis
cadiral

knyga

llibre

antklodė

llençol

papuošimai

decoració

malkos

llenya

filmas

film

stereo aparatūra

cadena de música

raktas

clau

laikraštis

diari

paveikslas

pintura

plakatas

cartell

radijas

ràdio

užrašų knygelė

bloc de notes

dulkių siurblys

aspiradora

kaktusas

cactus

žvakė

candela

virtuvė
cuina

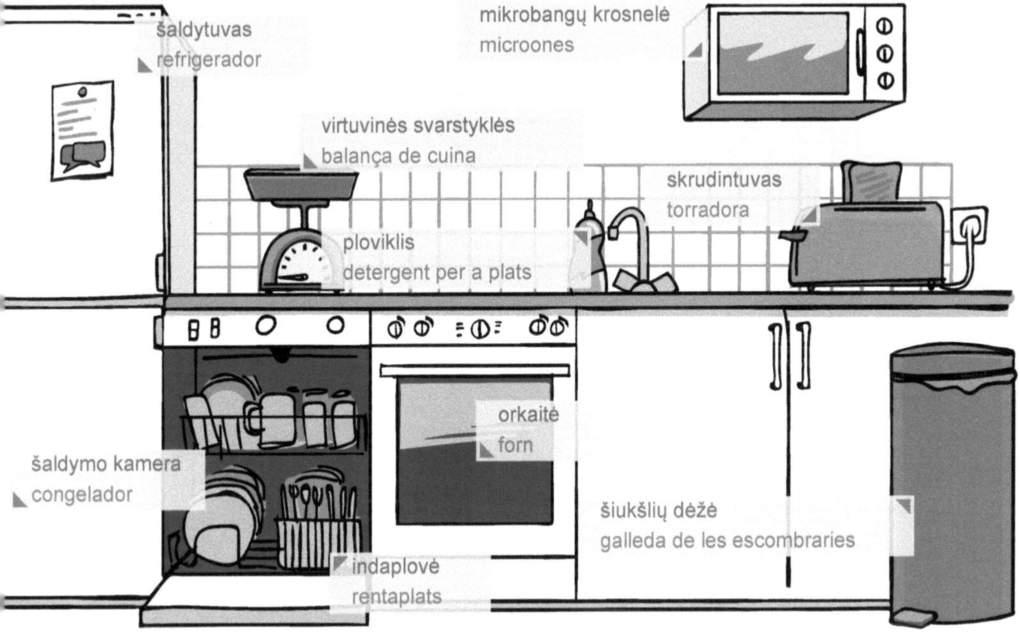
šaldytuvas
refrigerador
mikrobangų krosnelė
microones
virtuvinės svarstyklės
balança de cuina
skrudintuvas
torradora
ploviklis
detergent per a plats
orkaitė
forn
šaldymo kamera
congelador
šiukšlių dėžė
galleda de les escombraries
indaplovė
rentaplats

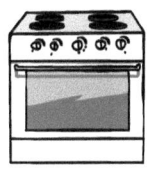

viryklė

cuina de fogons

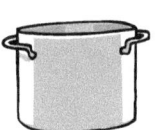

puodas

olla

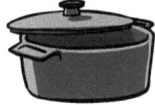

ketaus puodas

olla de ferro colat

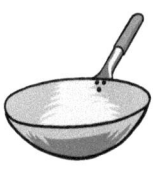

„wok" keptuvė

wok / karahi

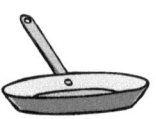

keptuvė

paella

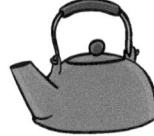

virdulys

bullidor

garų puodas

olla de vapor

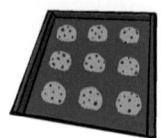

kepimo skarda

plata de forn

porceliano indai

vaixella

puodelis

tassa grossa

dubuo

bol

valgomosios lazdelės

bastonets xinesos

samtis

culler

mentelė

espàtula

plaktuvas

batedor

koštuvas

colador

sietas

sedàs

trintuvė

ratllador

grūstuvė

morter

kepsninė

barbacoa

atvira liepsna

foc a terra

pjaustymo lentelė

taula de tallar

kočėlas

corró

kamščiatraukis

llevataps

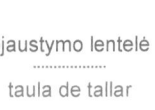

skardinė

pot de conserva

skardinių atidarytuvas

obridor

puodkėlė

agafador

kriauklė

aigüera

šepetys

raspall

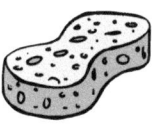

kempinė

esponja

trintuvas

batedora

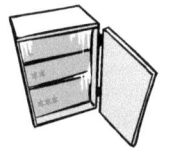

šaldiklis

congelador

kūdikių buteliukas

biberó

čiaupas

aixeta

vonios kambarys
bany

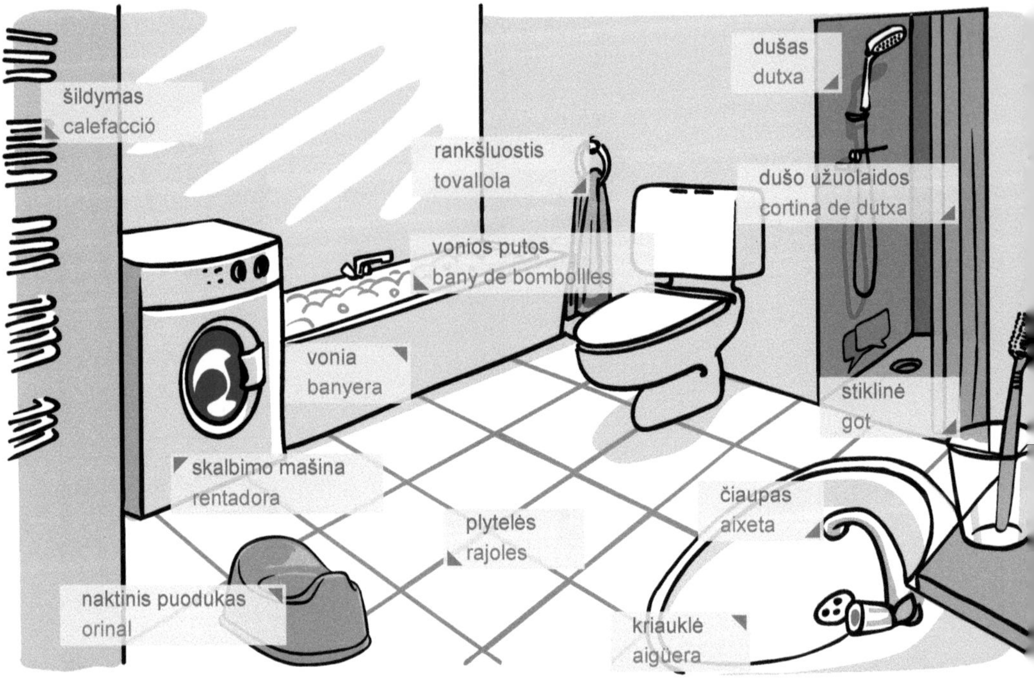
šildymas
calefacció
rankšluostis
tovallola
dušas
dutxa
dušo užuolaidos
cortina de dutxa
vonios putos
bany de bombolles
vonia
banyera
stiklinė
got
skalbimo mašina
rentadora
čiaupas
aixeta
plytelės
rajoles
naktinis puodukas
orinal
kriauklė
aigüera

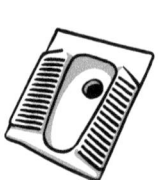

unitazas

lavabo

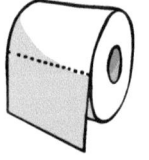

tupimasis unitazas

lavabo turc

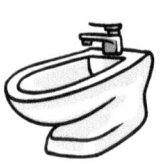

bidė

bidet

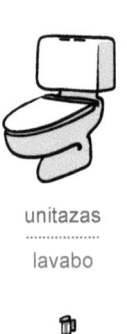

pisuaras

orinador

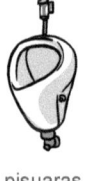

tualetinis popierius

paper higiènic

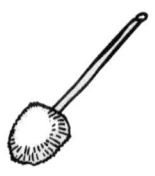

unitazo šepetys

escombreta de sanitari

dantų šepetėlis

raspall de dents

dantų pasta

pasta de dents

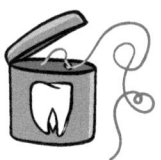

dantų siūlas

fil dental

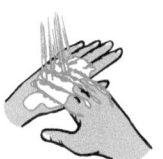

plauti

rentar

dušo galvutė

pom de dutxa

higieninis dušas

dutxa íntima

praustuvas

rentamans

nugaros plaušinė

raspall per a l'esquena

muilas

sabó

dušo želė

gel de dutxa

šampūnas

xampú

plaušinė

manyopla de bany

kanalizacija

bonera

kremas

crema

dezodorantas

desodorant

veidrodis

mirall

veidrodėlis

mirall-espill de mà

skustuvas

maquineta de rasar

skutimosi putos

espuma de barbejar

losjonas po skutimosi

loció post-rasada

šukos

pinta

šepetys

raspall

plaukų džiovintuvas

eixugador

plaukų lakas

laca

makiažas

maquillatge

lūpdažis

pintallavis

nagų lakas

esmalt d'ungles

vata

cotó

žirklutės nagams

tallaungles

kvepalai

perfum

maišelis skalbiniams

estoig de bellesa

taburetė

tamboret

svarstyklės

bàscula

chalatas

barnús

guminės pirštinės

guants de goma

tamponas

compresa higiènica

higieninis įklotas

compresa

biotualetas

sanitari químic

vaiko kambarys

cambra de nen

žadintuvas
despertador
pliušinis žaislas
animal de peluix
žaislinė mašinėlė
auto de joguina
barškutis
sonall
lėlės namelis
casa de nines
dovana
present

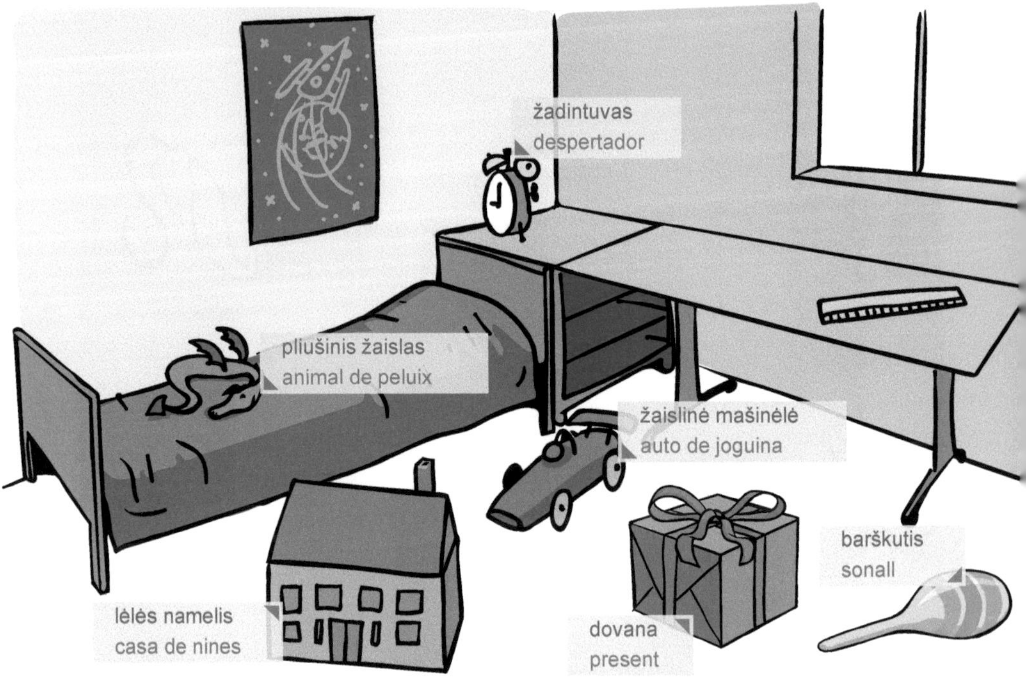

balionas

baló

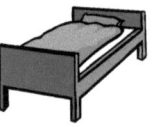

lova

llit

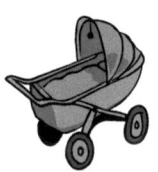

vaikiškas vežimėlis

cotxet per a nens

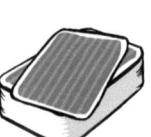

kortų malka

joc de cartes

delionė

trencaclosca

SUPER
MEGA

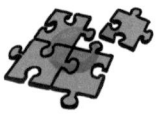

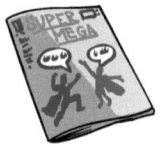

komiksai

historieta

lego kaladėlės

peces de lego

žaislinės kaladėlės

peces de construcció

figūrėlė

ninot d'acció

šliaužtinukai

granota

mėtymo lėkštė

frisbee

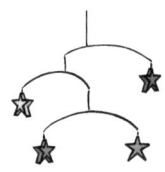

karuselė

mòbil per a bressol

stalo žaidimas

joc de taula

kauliukai

daus

žaislinis traukinys

tren elèctric

žindukas

xumet

vakarėlis

festa

paveiksliukų knygelė

llibre de dibuixos

kamuolys

pilota

lėlė

nina

žaisti

jugar

smėlio dėžė

sorrera

sūpynės

gronxador

žaislai

joguines

žaidimų konsolė

consola de jocs de vídeo

triratukas

tricicle

meškiukas

osset de peluix

drabužių spinta

armari

drabužis

roba

kojinės

mitjons

kojinės virš kelių

mitges

pėdkelnės

mitja pantaló

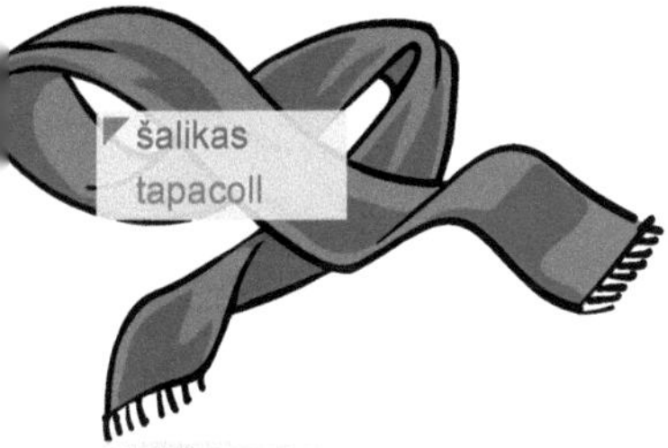

šalikas
tapacoll

skėtis
paraigua

diržas
cintura

marškinėliai
camiseta

ilgaauliai batai
botes

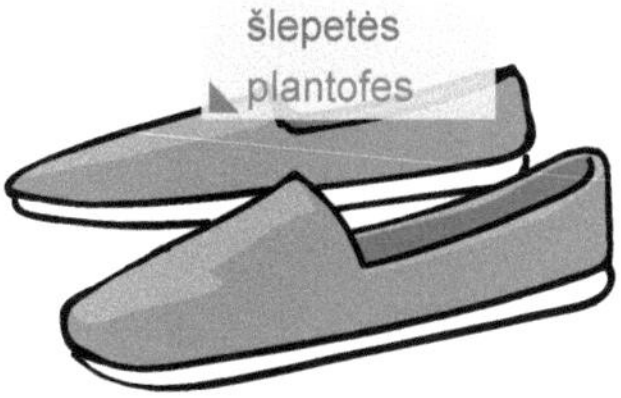

šlepetės
plantofes

sportbačiai
sabates d'esport

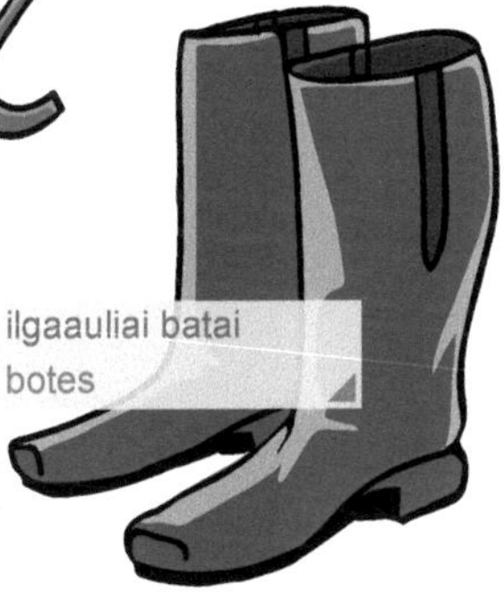

sandalai
....
sandàlies

batai
....
sabates

guminiai batai
....
botes de goma

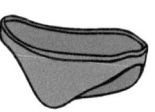

trumpikės
....
calçonets

liemenėlė
....
sostenidor

liemenė
....
guardapits

drabužis - roba

glaustinukė

jjustacòs

kelnės

pantalons

džinsai

jeans

sijonas

faldeta

palaidinė

brusa

marškiniai

camisa

megztinis

jersei

megztinis su gobtuvu

dessuadora

švarkelis

blazer

švarkas

jaqueta

paltas

mantell

lietpaltis

impermeable

kostiumas

vestit de dona

suknelė

vestit de dona

vestuvinė suknelė

vestit de núvia

kostiumas

vestit d'home

naktiniai marškiniai

camisa de dormir

pižama

pijama

saris

sari

skarelė

mocador de cap

tiurbanas

turbant

burka

burca

kaftanas

caftan

abaja

abaia

maudymosi kostiumėlis

vestit de bany

glaudės

calçon(et)s de bany

šortai

pantalons curts

sportinis kostiumas

xandall

prijuostė

davantal

pirštinės

guants

saga

botó

akiniai

ulleres

apyrankė

braçalet

vėrinys

collaret

žiedas

anell

auskaras

orellera

kepurė

casquet

pakabas

penjador

skrybėlė

capell

kaklaraištis

corbata

užtrauktukas

cremallera

šalmas

casc

breketai

elàstics

mokyklinė uniforma

uniforme escolar

uniforma

uniforme

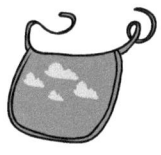

seilinukas

pitet

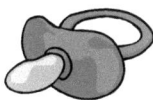

žindukas

xumet

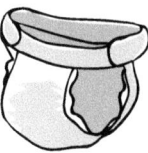

vystyklai

bolquer

biuras

oficina

serveris
servidor
dokumentų spinta
armari arxivador
spausdintuvas
impressora
vaizduoklis
monitor
popierius
paper
pelė
ratolí
rašomasis stalas
escriptori
aplankas
arxivador
klaviatūra
teclat
šiukšliadėžė
paperera
kėdė
cadira
kompiuteris
ordinador

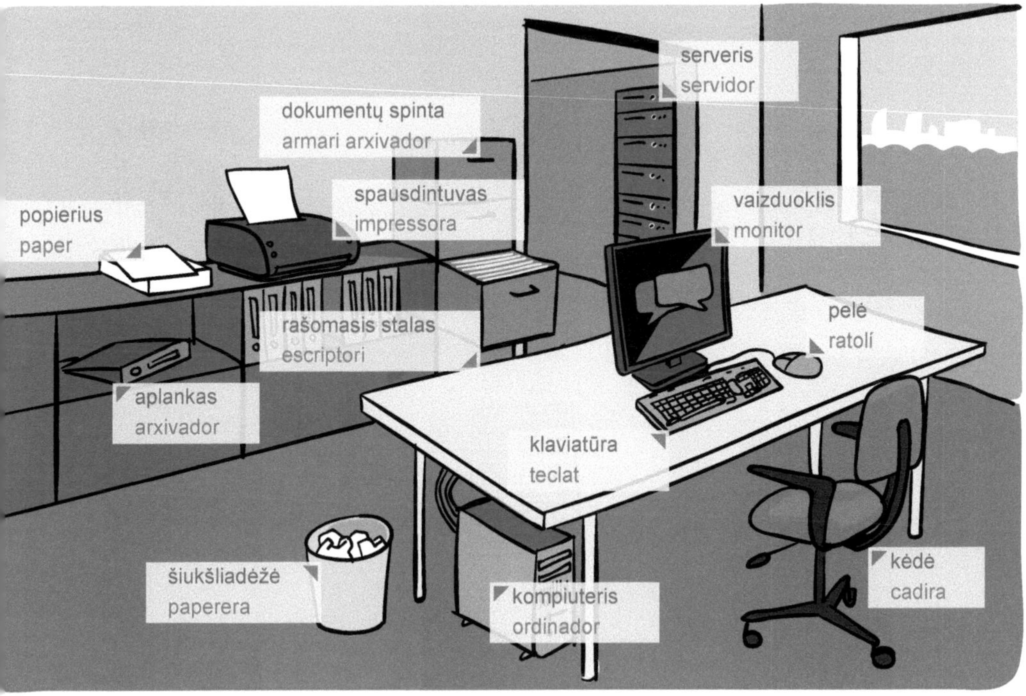

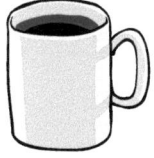

kavos puodelis

tassa de cafè

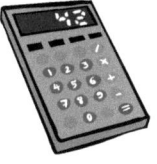

kalkuliatorius

calculadora

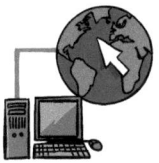

internetas

Internet

nešiojamasis kompiuteris

ordinador portàtil

laiškas

lletra

žinutė

missatge

mobilusis telefonas

mòbil

tinklas

xarxa

fotokopijavimo aparatas

fotocopiadora

programinė įranga

programari

telefonas

telèfon

kištukinis lizdas

presa de corrent

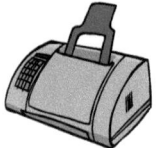

faksas

fax

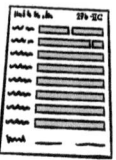

forma

formulari

dokumentas

document

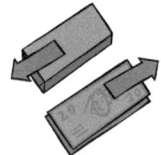

pirkti

comprar

mokėti

pagar

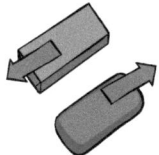

prekiauti

comerciar

pinigai

diners

 **USD**

doleris

dòlar

 **EUR**

euras

euro

 **JPY**

jena

ien

 **RUB**

rublis

ruble

 **CHF**

Šveicarijos frankas

franc suís

 **CNY**

juanis

renminbi

 **INR**

rupija

rupia

bankomatas

caixa automàtica

valiutos keitykla

oficina de canvi

auksas

or

sidabras

argent

nafta

petroli

energija

energia

kaina

preu

sutartis

contracte

mokestis

impost

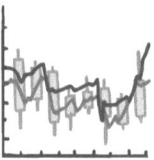

akcijos

acció

dirbti

treballar

darbuotojas

treballador

darbdavys

empresari

gamykla

fàbrica

parduotuvė

botiga

policininkas
oficial de policia

ugniagesys
bomber

virėjas
cuiner

gydytojas
doctora

lakūnas
pilot

sodininkas

jardiner

stalius

fuster

siuvėja

costurera

teisėjas

jutge

chemikas

química

aktorius

actor

autobuso vairuotojas

conductor d'autobús

taksi vairuotojas

taxista

žvejys

pescador

valytoja

dona de la neteja

stogdengys

ensostrador

padavėjas

cambrer

medžiotojas

caçador

dailininkas

pintor

kepėjas

forner

elektrikas

electricista

statybininkas

obrer de la construcció

inžinierius

enginyer

mėsininkas

carnisser

santechnikas

llanterner

paštininkas

correu

kareivis

soldat

architektas

arquitecte

kasininkas

caixera

gėlininkas

florista

kirpėjas

perruquer

konduktorius

revisor

mechanikas

mecànic

kapitonas

capità

odontologas

dentista

mokslininkas

científic

rabinas

rabí

imamas

imam

vienuolis

monjo

kunigas

capellà

įrankiai

eines

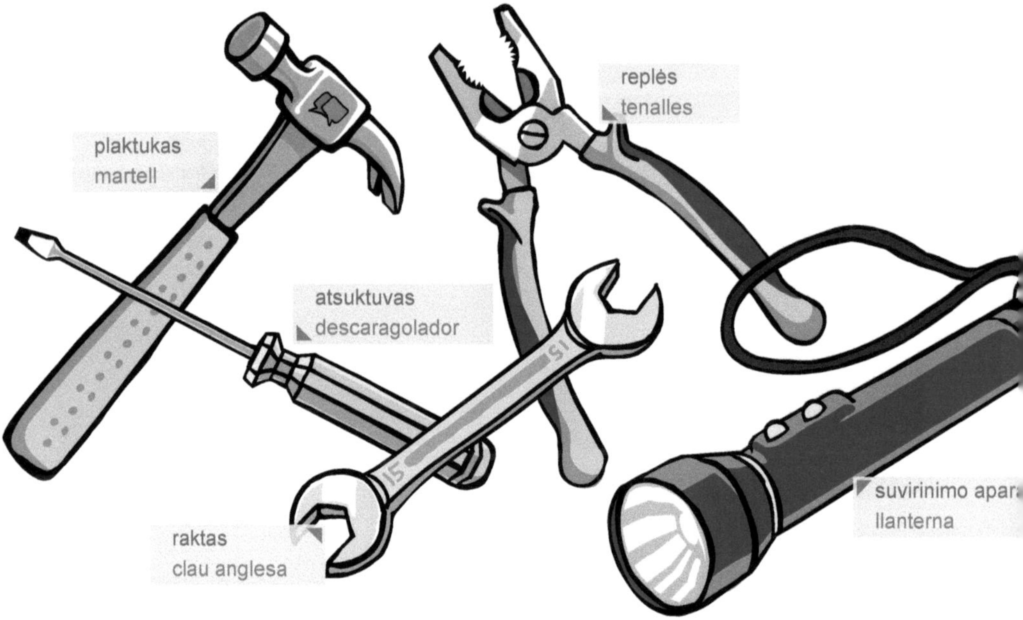
replės
tenalles
plaktukas
martell
atsuktuvas
descaragolador
suvirinimo apar
llanterna
raktas
clau anglesa

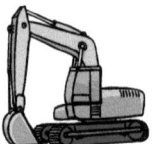

ekskavatorius

excavadora

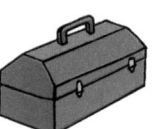

įrankių dėžė

caixa d'eines

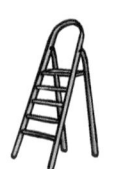

kopėčios

escala

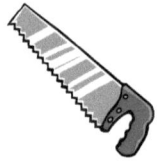

pjūklas

serra

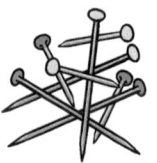

vinys

claus

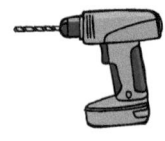

grąžtas

trepant

taisyti
reparar

kastuvas
pala

Velniava!
Maleït siga!

semtuvėlis
pala

dažų skardinė
pot de pintura

varžtai
caragols

muzikos instrumentai
instrument de música

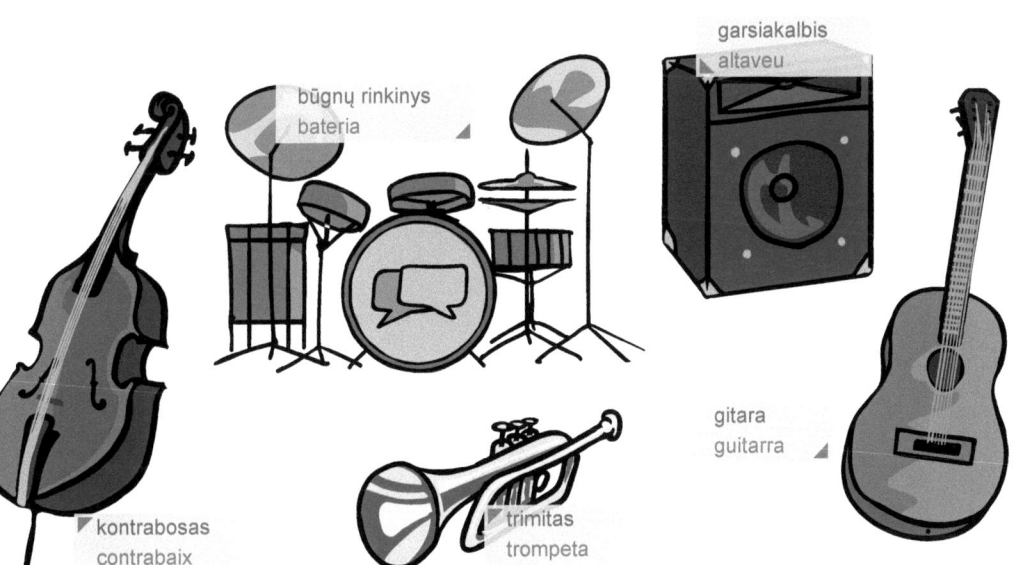

garsiakalbis
altaveu

būgnų rinkinys
bateria

gitara
guitarra

kontrabosas
contrabaix

trimitas
trompeta

pianinas
piano

smuikas
violí

bosinė gitara
baix

timpanas
timbal

būgnai
tambor

sintezatorius
teclat

saksofonas
saxofon

fleita
flauta

mikrofonas
micròfon

zoologijos sodas

zoo

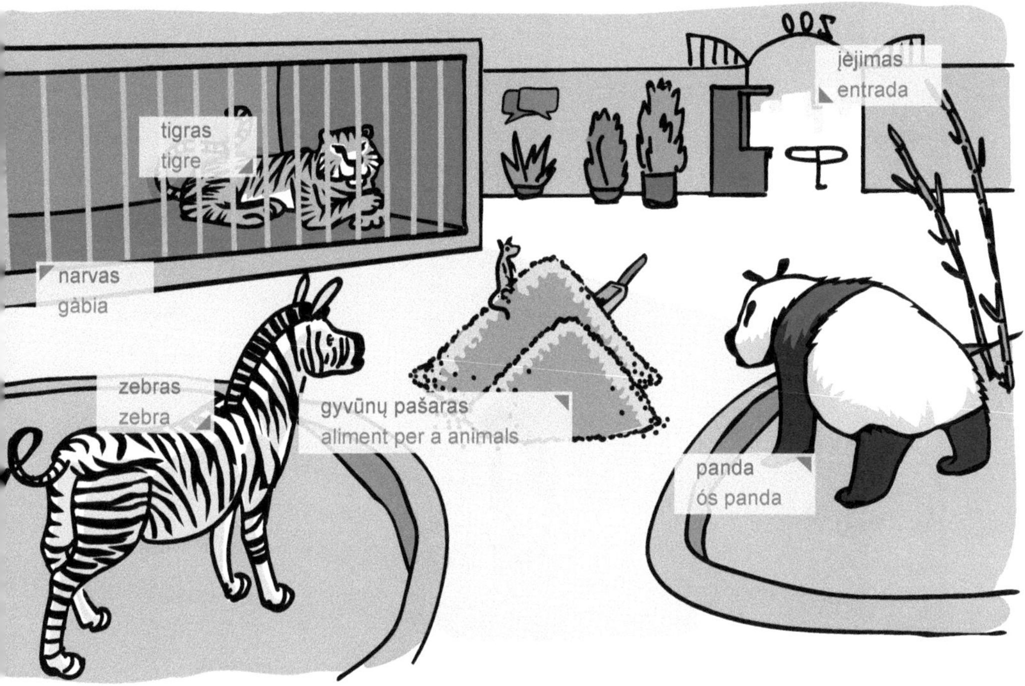

įėjimas
entrada
tigras
tigre
narvas
gàbia
zebras
zebra
gyvūnų pašaras
aliment per a animals
panda
ós panda

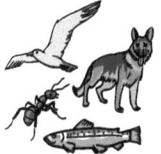

gyvūnai

animals

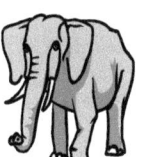

dramblys

elefant

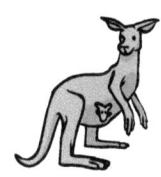

kengūra

cangurú

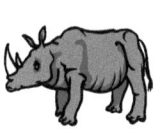

raganosis

rinoceront

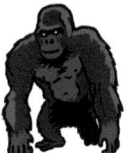

gorila

goril·la

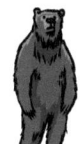

meška

ós

kupranugaris

camell

strutis

estruç

liūtas

lleó

beždžionė

simi

flamingas

flamenc

papūga

papagai

baltoji meška

ós polar

pingvinas

pingüí

ryklys

ca mari

povas

paó

gyvatė

serp

krokodilas

cocodril

zoologijos sodo prižiūrėtojas

guardià del zoo

ruonis

foca

jaguaras

jaguar

ponis
poni

leopardas
lleopard

begemotas
hipopòtam

žirafa
girafa

erelis
àliga

šernas
senglar

žuvis
peix

vėžlys
tortuga

vėplys
morsa

lapė
guineu

gazelė
gasela

amerikietiškas futbolas
futbol americà

dviračių sportas
ciclisme

tenisas
tenis

krepšinis
bàsquet

plaukimas
natació

boksas
boxa

ledo ritulys
hoquei sobre gel

futbolas
....
futbol americà

badmintonas
....
bàdminton

atletika
....
atletisme

rankinis
....
handbol

slidinėjimas
....
esquí

polas
....
polo

šokinėti
saltar

juoktis
riure

apkabinti
abraçar

vaikščioti
anar

dainuoti
cantar

svajoti
somiar

melstis
pregar

bučiuoti
fer un petó

rašyti
escriure

piešti
dibuixar

rodyti
mostrar

stumti
pitjar

duoti
donar

imti
prendre

turėti

tenir

daryti

fer

būti

ésser

stovėti

estar dret

bėgti

córrer

traukti

estirar

mesti

llançar

kristi

caure

meluoti

jeure

laukti

esperar

nešti

portar

sėdėti

asseure's

rengtis

vestir-se

miegoti

dormir

pabusti

despertar-se

žiūrėti
mirar

verkti
plorar

glostyti
amoixar

šukuoti
pentinar

kalbėti
parlar

suprasti
comprendre

paklausti
demanar

klausytis
escoltar

gerti
beure

valgyti
menjar

tvarkytis
endreçar

mylėti
estimar

gaminti
cuinar

vairuoti
conduir

skristi
volar

buriuoti

navegar

skaičiuoti

calcular

skaityti

llegir

mokytis

aprendre

dirbti

treballar

vesti

casar-se

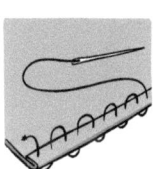

siūti

cosir

valytis dantis

raspallar-se les dents

žudyti

matar

rūkyti

fumar

siųsti

enviar

šeima
família

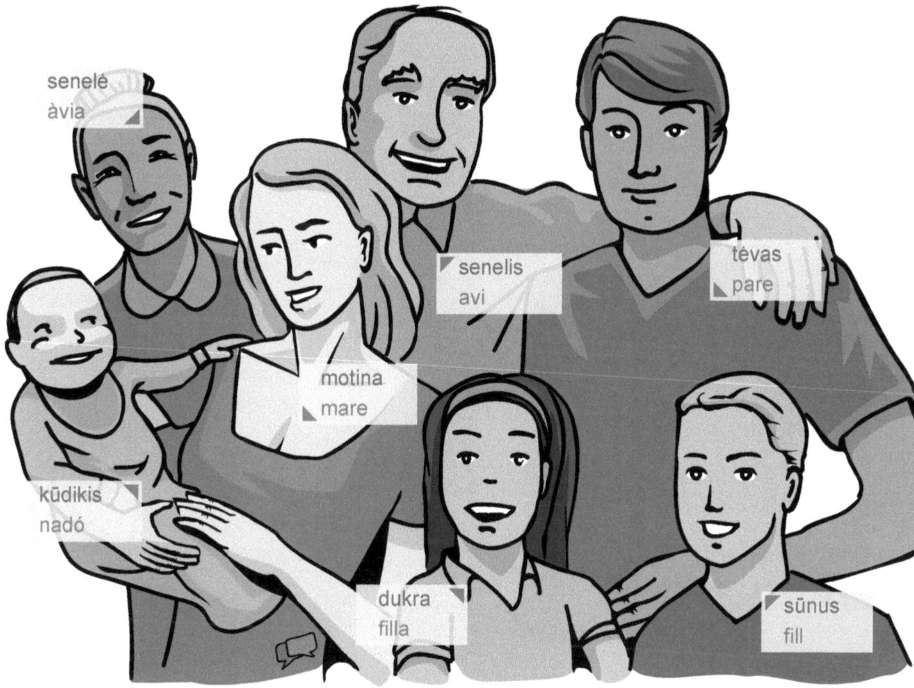
senelė
àvia
senelis
avi
tėvas
pare
motina
mare
kūdikis
nadó
dukra
filla
sūnus
fill

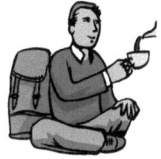

svečias

convidat

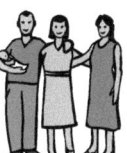

teta

tia

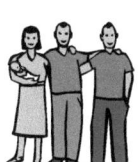

dėdė

oncle

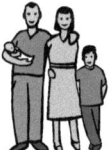

brolis

germà

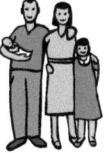

sesuo

germana

kūnas

cos

kakta
front
akis
ull
veidas
cara
smakras
barbeta
pirštas
dit
plaštaka
mà
petys
espatlla
krūtinė
pit
ranka
braç
koja
cama

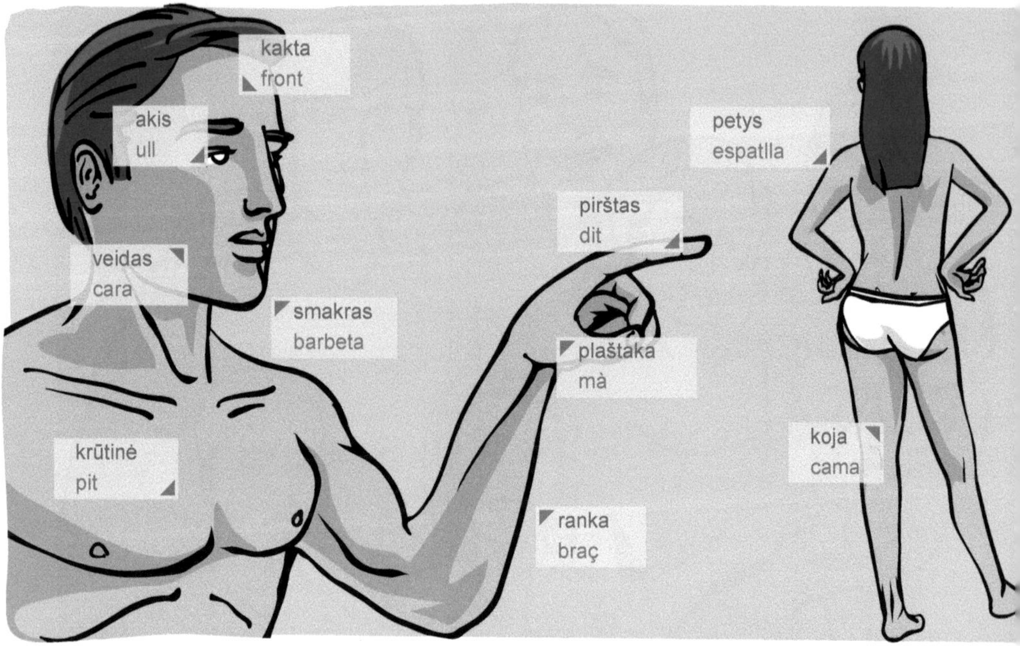

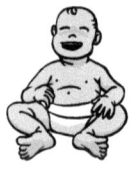

kūdikis

nadó

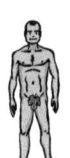

vyras

home

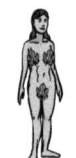

moteris

dona

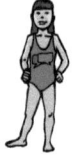

mergaitė

noia

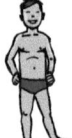

berniukas

noi

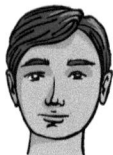

galva

cap

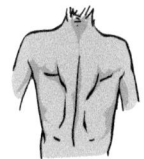

nugara

esquena

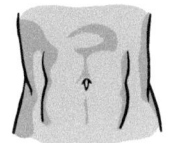

pilvas

panxa

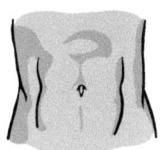

bamba

melic

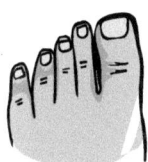

kojos pirštas

dit gros del peu

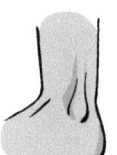

kulnas

taló

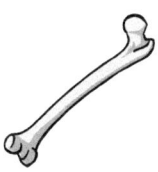

kaulas

os

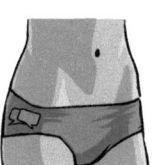

klubas

maluc

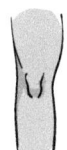

kelis

genoll

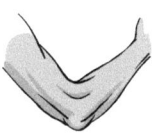

alkūnė

colze

nosis

nas

sėdmenys

cul

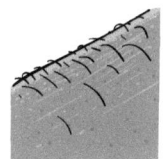

oda

pell

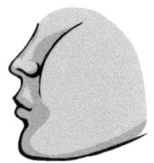

skruostas

galta

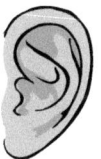

ausis

orella

lūpa

llavi

burna

boca

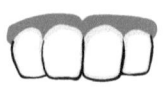

dantis

dent

liežuvis

llengua

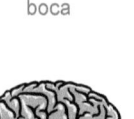

smegenys

cervell

širdis

cor

raumuo

múscul

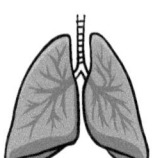

plaučiai

pulmó

kepenys

fetge

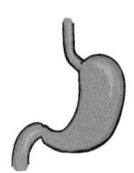

skrandis

estómac

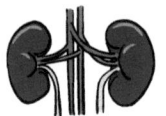

inkstai

ronyó

seksas

relació sexual

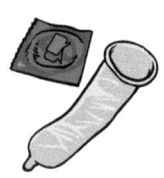

prezervatyvas

preservatiu

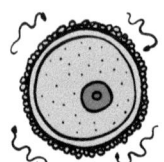

kiaušialąstė

ovari

sperma

semen

nėštumas

prenyat

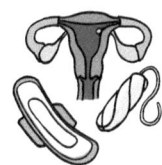

menstruacijos
....
menstruáció

makštis
....
vagina

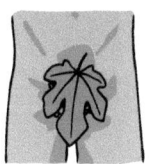

varpa
....
penis

antakis
....
cella

plaukai
....
cabells

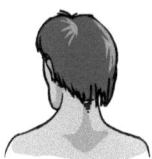

kaklas
....
coll

ligoninė
hospital

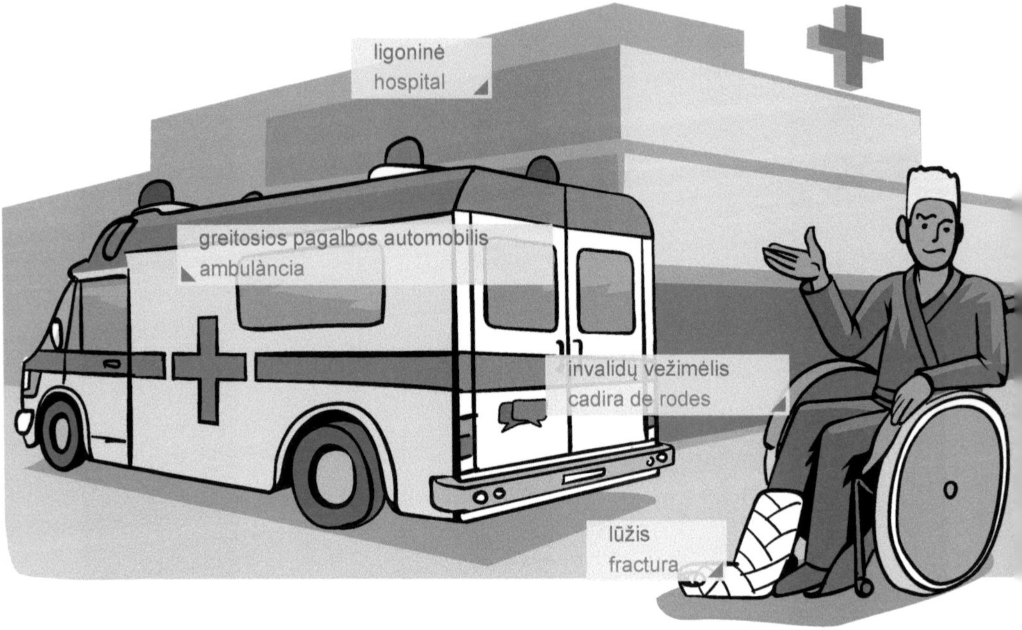

ligoninė
hospital
greitosios pagalbos automobilis
ambulància
invalidų vežimėlis
cadira de rodes
lūžis
fractura

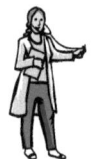

gydytojas

doctora

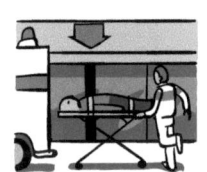

skubios pagalbos skyrius

sala d'urgències

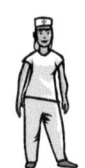

slaugytoja

infermera

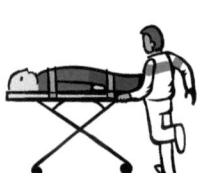

nelaimingas atsitikimas

urgència

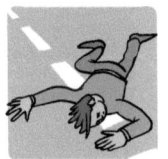

be sąmonės

inconscient

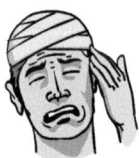

skausmas

dolor

sužalojimas

ferida

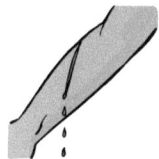

kraujavimas

sagnament

širdies smūgis

atac de cor

insultas

apoplexia

alergija

al·lèrgia

kosulys

tos

karščiavimas

febre

gripas

gripa

viduriavimas

diarrea

galvos skausmas

mal de cap

vėžys

càncer

diabetas

diabetis

chirurgas

cirurgià

skalpelis

escalpel

operacija

operació

KT

tomografia computada (TC),
TAC

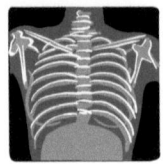

rentgenas

raigs x

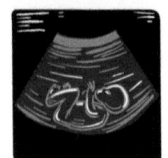

ultragarsas

ultrasò

veido kaukė

mascareta

liga

malaltia

laukiamasis

sala d'espera

ramentas

crossa

gipsas

tireta

tvarstis

embenat

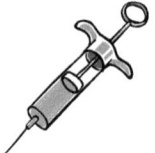

injekcija

injecció

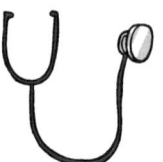

stetoskopas

estetoscopi

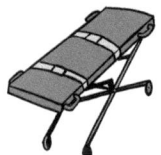

neštuvai

llitera

termometras

termòmetre clínic

gimimas

pariment

antsvoris

sobrepès

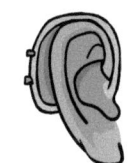

klausos aparatas

aparell auditiu

dezinfekavimo priemonė

desinfectant

infekcija

infecció

virusas

virus

ŽIV / AIDS

VIH / SIDA

vaistas

medicina

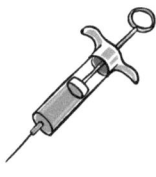

skiepijimas

vaccí

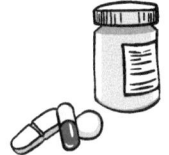

tabletės

comprimits

piliulė

píl·lola

skubios pagalbos numeris

trucada d'urgència

kraujospūdžio matuoklis

tensiòmetre

ligotas / sveikas

malalt / sà

Padėkite!

Socors!

pavojaus signalas

alarma

užpuolimas

assalt

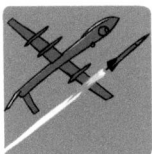

ataka

atac

pavojus

perill

avarinis išėjimas

sortida-eixida d'urgència

Gaisras!

Foc!

gesintuvas

extintor

nelaimingas atsitikimas

accident

pirmosios pagalbos rinkinys

farmaciola de primers
auxilis

SOS

SOS

policija

policia

Europa

Europa

Šiaurės Amerika

Amèrica del Nord

Pietų Amerika

Amèrica del Sud

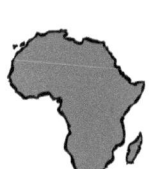

Afrika

Àfrica

Azija

Àsia

Australija

Austràlia

Atlanto vandenynas

Atlàntic

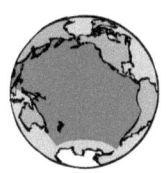

Ramusis vandenynas

Pacífic

Indijos vandenynas

Oceà Índic

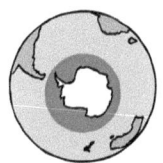

Pietų vandenynas

Oceà Antàrtic

Arkties vandenynas

Oceà Àrtic

Šiaurės ašigalis

pol nord

Pietų ašigalis

pol sud

Antarktida

Antàrtida

Žemė

terra

sausuma

país

jūra

mar

sala

illa

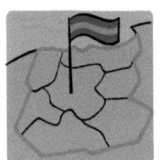

tauta

nació

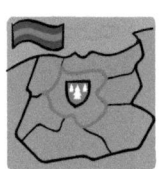

valstybė

estat

ciferblatas

quadrant

valandinė rodyklė

agulla de les hores

minutinė rodyklė

agulla dels minuts

sekundinė rodyklė

agulla dels segons

Kiek valandų?

Quina hora és?

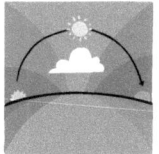

diena

dia

laikas

temps

dabar

ara

skaitmeninis laikrodis

rellotge digital

minutė

minut

valanda

hora

savaitė
setmana

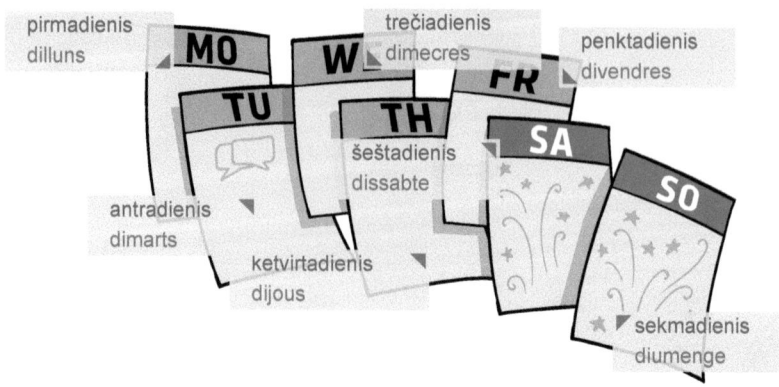

pirmadienis
dilluns

MO

W trečiadienis
dimecres

penktadienis
divendres

TU

TH

FR

šeštadienis
dissabte

SA

antradienis
dimarts

ketvirtadienis
dijous

SO

sekmadienis
diumenge

vakar

ahir

šiandien

avui

rytoj

demà

rytas

matí

vidurdienis

migdia

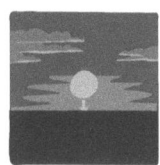

vakaras

tarda

MO	TU	WE	TH	FR	SA	SU
1	2	3	4	5	6	7
8	9	10	11	12	13	14
15	16	17	18	19	20	21
22	23	24	25	26	27	28
29	30	31	1	2	3	4

darbo dienos

dia feiner

MO	TU	WE	TH	FR	SA	SU
1	2	3	4	5	6	7
8	9	10	11	12	13	14
15	16	17	18	19	20	21
22	23	24	25	26	27	28
29	30	31	1	2	3	4

savaitgalis

cap de setmana

lietus
pluja

vaivorykštė
arc de Sant Martí

sniegas
neu

vėjas
vent

pavasaris
primavera

ruduo
tardor

vasara
estiu

žiema
hivern

4.APRIL	11°	☀
5.APRIL	4°	☁
6.APRIL	13°	🌧
7.APRIL	8°	☀
8.APRIL	10°	☀

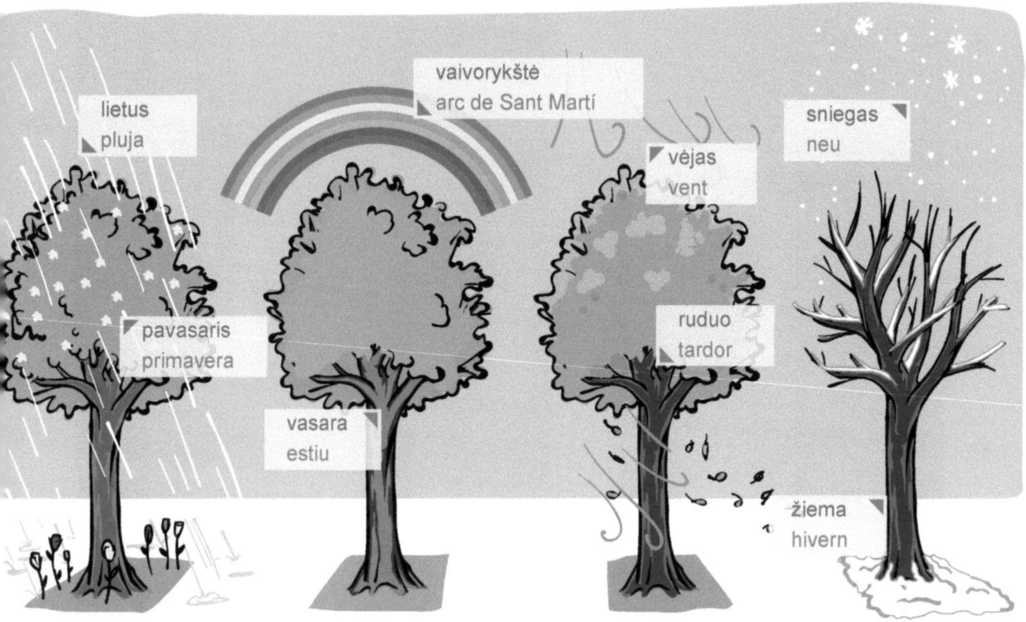

orų prognozė

pronòstic del temps

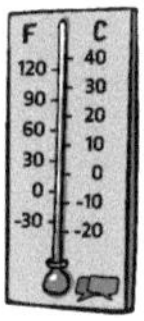

lauko termometras

termòmetre

saulės šviesa

llum del sol

debesis

núvol

rūkas

boira

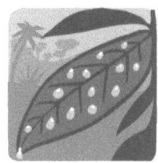

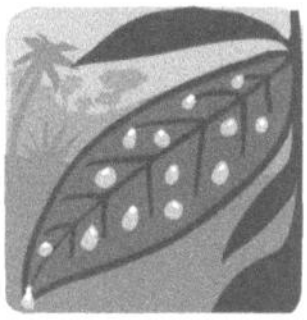

drėgmė

humiditat de l'aire

žaibas

llamp

griaustinis

tro

audra

tempesta

kruša

calamarsa

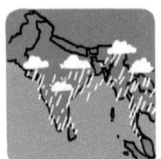

musonas

monsó

potvynis

inundació

ledas

gel

sausis

gener

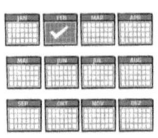

vasaris

febrer

kovas

març

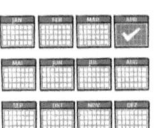

balandis

abril

gegužė

maig

birželis

juny

liepa

juliol

rugpjūtis

agost

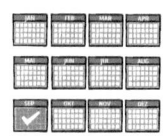

rugsėjis

setembre

spalis

octubre

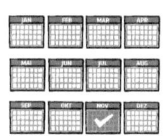

lapkritis

novembre

gruodis

desembre

formos
formes

apskritimas

cercle

kvadratas

quadrat

stačiakampis

rectangle

trikampis

triangle

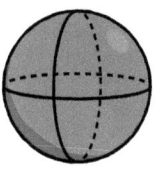

sfera

esfera

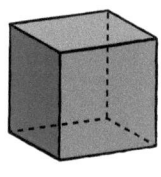

kubas

cub

spalvos
colors

balta

blanc

geltona

groc

oranžinė

taronja

rožinė

rosa

raudona

vermell

violetinė

lila

mėlyna

blau

žalia

verd

ruda

marró

pilka

gris

juoda

negre

daug / mažai

molt / poc

piktas / ramus

emprenyat / tranquil

gražus / bjaurus

bonic / lleig

pradžia / pabaiga

començament / fi

didelis / mažas

gran / petit

šviesus / tamsus

clar / fosc

brolis / sesuo

germà / germana

švarus / purvinas

net / brut

užbaigtas / neužbaigtas

complet / incomplet

diena / naktis

dia / nit

miręs / gyvas

mort / viu

platus / siauras

ample / estret

valgomas / nevalgomas

comestible / immenjable

piktas / malonus

dolent / amable

linksmas / nuobodus

entusiasmat / entediat

storas / plonas

gros / prim

pirmiausia / paskiausia

primer / darrer

draugas / priešas

amic / enemic

pilnas / tuščias

ple / buit

kietas / minkštas

dur / tou

sunkus / lengvas

pesant / lleuger

alkis / troškulys

gana / set

ligotas / sveikas

malalt / sà

nelegalus / legalus

il·legal / legal

protingas / kvailas

intel·ligent / ximple

kairé / dešinė

esquerra / dreta

arti / toli

prop / llunyà

naujas / naudotas

nou / usat

niekas / kažkas

res / quelcom

senas / jaunas

vell / jove

įjungta / išjungta

encès / apagat

atidaryta / uždaryta

obert / tancat

tylus / garsus

silenciós / sorollós

turtingas / vargšas

ric / pobre

teisus / neteisus

correcte / incorrecte

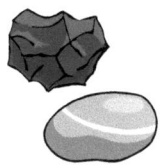

šiurkštus / švelnus

aspre / suau

liūdnas / laimingas

trist / content

trumpas / ilgas

curt / llarg

lėtas / greitas

lent / ràpid

drėgnas / sausas

humit / sec - eixut

šiltas / šaltas

calent / fred

karas / taika

guerra / pau

0

nulis

zero

1

vienas

u

2

du

dos

3

trys

tres

4

keturi

quatre

5

penki

cinc

6

šeši

sis

7

septyni

set

8

aštuoni

vuit

9

devyni

nou

10

dešimt

deu

11

vienuolika

onze

12

dvylika

dotze

13

trylika

tretze

14

keturiolika

catorze

15

penkiolika

quinze

16

šešiolika

setze

17

septyniolika

disset

18

aštuoniolika

divuit

19

devyniolika

dinou

20

dvidešimt

vint

100

šimtas

cent

1.000

tūkstantis

mil

1.000.000

milijonas

milió

anglų

anglès

amerikiečių anglų

anglès americà

kinų (mandarinų)

xinès mandarí

hindi

hindi

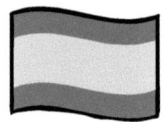

ispanų

espanyol

prancūzų

francès

arabų

àrab

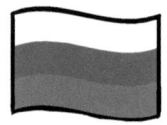

rusų

rus

portugalų

portuguès

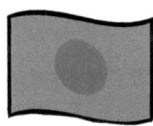

bengalų

bengalí

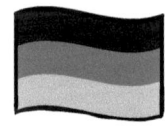

vokiečių

alemany

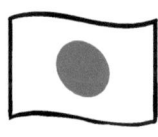

japonų

japonès

aš

jo

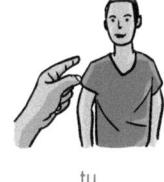

tu

tu

jis / ji

ell / ella / allò

mes

nosaltres

jūs

vosaltres

jie

ells

kas?

qui?

ką?

què?

kaip?

com?

kur?

on?

kada?

quan?

vardas

nom

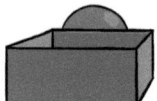

už
darrere

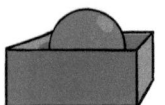

kur (vieta)
en

priešais
davant de

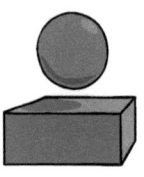

virš
damunt

ant
sobre

po
sota

prie
al costat

tarp
entre

vieta
lloc